¡Tú tienes derechos!

Elizabeth Anderson López

¿Qué son los derechos?

Tú tienes derechos.

Un derecho es algo que las personas tienen permitido hacer, alcanzar o tener.

Tu familia y tu escuela pueden ofrecerte algunos derechos. La ley te da otros derechos. Los derechos legales se llaman *derechos civiles*.

Salta a la ficción

Una ayuda para Owen

Owen llega a la rampa con su
silla de ruedas y se detiene.
Una rama no lo deja pasar.
Rosa sabe que necesita ayuda.
¡Owen tiene derecho a entrar
en la escuela y aprender!

—¿Necesitas ayuda? —le pregunta Rosa.

—Sí, ¡por favor! —dice Owen.

Rosa levanta la rama. Owen le da las gracias y entra en la escuela.

¡Está listo para aprender!

Vuelve al texto de no ficción

El derecho a aprender

Los niños tienen derecho a aprender.
¡Lo dice la ley de Estados Unidos!
Es uno de muchos derechos civiles
que tienen los niños.

Piensa y habla

¿Por qué aprender es un derecho?

Ir a la escuela es un derecho básico.
En la escuela, los estudiantes
también pueden aprender sobre
sus otros derechos.
Y pueden aprender a defenderlos.

Piensa y habla

¿Qué derecho podría estar mostrando esta foto?

Los estudiantes aprenden a escribir en la escuela. Después, pueden escribirles cartas a sus líderes. Pueden pedirles que protejan sus derechos.

Las familias pueden decidir dónde aprenden sus hijos.

Tienen tres opciones principales en Estados Unidos.

Las opciones son la escuela pública, la escuela privada o la educación en el hogar.

Cuando la escuela va a las casas

Los niños pueden tomar clases en casa.
Esos niños no van a la escuela.
¡Pero igual tienen que hacer la tarea!

Igualdad de derechos

Todos deben tener los mismos derechos.
Por ejemplo, antes solo las niñas podían tomar clases de cocina.
Solo los niños podían tomar clases de construcción.
Eso no era justo.
¡Las cosas han cambiado!

Igualdad en los deportes

En los deportes escolares también debe haber igualdad.
Los deportes son para todos los niños y las niñas.
Lo dice la ley.

Las escuelas deben tener herramientas para todos los estudiantes.

Los estados tienen leyes sobre eso.

Las escuelas públicas reciben dinero de los estados.

Las escuelas privadas reciben dinero de las familias de los niños.

Los líderes de las escuelas gastan el dinero en lo que necesitan los estudiantes.

Algunos estudiantes necesitan más ayuda.
Esos estudiantes tienen los mismos
derechos que los demás.
Las escuelas deben ayudarlos a aprender
de la manera que sea mejor para ellos.

Defiéndelos

Aprende a defender tus derechos.

Ayuda a otros a defender sus derechos.

Todos tenemos derechos.

Nuestros derechos importan.

¡No te calles!

Si alguien trata de quitarte tus derechos, avísale a una autoridad.

Civismo en acción

En Estados Unidos, todos tienen derechos. Nadie puede quitarte tus derechos. Lo dice la ley.

1. Haz una lista de tus derechos.

2. Encierra en un círculo el que es más importante para ti.

3. Haz un cartel para mostrar ese derecho. Usa palabras e imágenes para contar por qué es importante ese derecho.